Für meine kleine Laura -
mögen all deine Träume in Erfüllung gehen

Die Autorin

So könnt ihr mich kontaktieren:

Instagram: @heike.hufnagl
Kontakt: heikehufnagl.publishing@gmail.com

Mein Name ist Heike Hufnagl, ich bin Lehrerin und Mutter einer wunderbaren Tochter.
Nach meiner Matura habe ich in Salzburg ein Lehramtsstudium und zahlreiche Trainerausbildungen absolviert. Danach hat es mich wieder in das wunderschöne Gmunden zurückgezogen. Dort habe ich unterrichtet und als Trainerin für Gerätturnen gearbeitet.
Der Traum, einmal Autorin und Illustratorin zu sein, hat mich jedoch nie wirklich losgelassen. Als dann meine Tochter auf die Welt kam, dachte ich: "Jetzt oder nie".

ISBN:
978-3-9519972-0-9

Von Marie Curie bis Greta Thunberg-
Mädchen können alles sein

Dieses Buch gehört:

_____

Foto

Inhalt

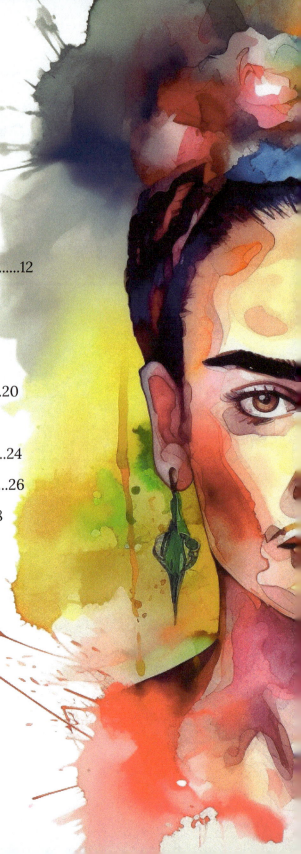

1. Agnodike......8
2. Kleopatra......10
3. Die Trung-Schwestern......12
4. Murasaki Shikibu......14
5. Jeanne d´Arc......16
6. Elena Piscopia......18
7. Katharina die Große......20
8. Ada Lovelace......22
9. Florence Nightingale......24
10. Emmeline Pankhurst......26
11. Maria Montessori......28
12. Marie Curie......30
13. Virginia Woolf......32
14. Coco Chanel......34
15. Amelia Earhart......36
16. Grace Hopper......38
17. Frida Kahlo......40

18. Simone de Beauvoir......42
19. Astrid Lindgren......44
20. Mutter Teresa......46
21. Dorothy Crowfoot Hodgkin......48
22. Rosa Parks......50
23. Hedy Lamarr......52
24. Rosalind Franklin......54
25. Queen Elisabeth II.......56
26. Maria Teresa de Filippis......58
27. Anne Frank......60
28. Jane Goodall......62
29. Margret Hamilton......64
30. Walentina Tereschkowa......66
31. Junko Tabei......68
32. Wangari Maathai......70
33. Zaha Hadid......72
34. Angela Merkel......74
35. Michelle Obama......76
36. Judit Polgàr......78
37. Marta Vieira da Silva......80
38. Emma Watson......82
39. Malala Yousafzai......84
40. Greta Thunberg......86
41. Nun bist du dran!

Liebe Leserin!

Wie wunderbar, dass du dieses Buch in deinen Händen hältst! Auf diesen Seiten wirst du faszinierende Geschichten über starke Frauen entdecken, die die Welt mit ihren Ideen, ihrem Mut und ihrem Herzen verändert haben.

Du kannst Seite für Seite lesen oder wild im Buch vor- und zurückspringen, um in die Lebensgeschichten dieser erstaunlichen Frauen einzutauchen. Jede Seite enthüllt eine neue Welt voller Abenteuer, Entdeckungen und beeindruckender Erfolge.

Vielleicht möchtest du zuerst über eine Astronomin lesen, die als erste Frau überhaupt im Weltall war, oder etwas über eine Umweltschützerin erfahren, die Millionen von Bäumen gepflanzt hat. Du kannst dich auf eine Reise durch die Seiten begeben und herausfinden, welche der Frauen dich am meisten inspiriert.

Am Ende des Buches wartet noch etwas Besonderes auf dich. Hier hast du Platz, um über deine Träume, Ideen und Hoffnungen zu schreiben – egal wie groß oder klein sie sind.

Also schnapp dir dieses Buch und lass dich von den inspirierenden Lebensgeschichten mitreißen! Entdecke, wie Frauen die Welt verändert haben, und werde selbst ein Teil dieser spannenden Geschichte.

Du bist klug, mutig und kreativ – genau wie die Visionärinnen, über die du lesen wirst. Wovon auch immer du träumst, die Zukunft gehört dir!

Viel Spaß beim Lesen und Träumen!

Heike Hufnagl, Autorin

Agnodike

Erste Ärztin der griechischen Antike
3. Jahrhundert v. Chr.

Das Geheimnis der verkleideten Ärztin

Agnodike war eine mutige junge Frau, die vor langer Zeit im antiken Griechenland lebte. Obwohl das für Mädchen damals sehr ungewöhnlich war, wollte Agnodike unbedingt Ärztin werden. Sie ließ sich jedoch nicht entmutigen und arbeitete zuerst als Geburtshelferin.

Weiterhin wollte sie ihren Traum verwirklichen und Ärztin werden. So schmiedete Agnodike einen Plan. Sie verkleidete sich als Junge und schrieb sich in eine Medizinschule ein, um ihr Ziel zu erreichen. Sie erfuhr alles über den menschlichen Körper und Krankheitsbehandlungen. Agnodike wurde eine großartige Ärztin, die vielen Menschen half, gesund zu werden. Als Agnodike enttarnt wurde, waren die Leute beeindruckt von ihrer Fähigkeit und ihrem

Mut. Schließlich wurden sogar Gesetze geändert, damit auch andere Frauen als Ärztinnen arbeiten können.

Agnodike wurde zu einer Heldin, die bewies, dass Mädchen alles erreichen können, wenn sie an sich glauben. Sie ermutigt uns, unseren Träumen zu folgen, egal wie schwer es sein mag.

Frage an Agnodike

„Mein Traum ist es, einmal große Maschinen zu erfinden und bedienen zu können, aber das machen ja eigentlich nur Jungs. Was würdest du tun?"

Mögliche Antwort von Agnodike

„Eigne dir Wissen an, lerne und experimentiere - Glaube an deine Stärke und lass dich von nichts und niemandem davon abhalten, deinen Träumen zu folgen."

Jetzt bist du dran!
Deine Gedanken zu Agnodike

1 Interessierst du dich auch für Medizin?

○ Ja   ○ Nein

2 Falls ja: In welchem medizinischen Bereich würdest du gerne arbeiten?

○ Kinderärztin   ○ Chirurgin (operieren)   ○ Krankenschwester/ Pflegerin   ○ ?

3 Was würdest du Agnodike gerne sagen? Oder hast du vielleicht eine Frage an sie?

Kleopatra

Ägyptische Herrscherin

Januar 69 v. Chr.　|　August 30 v. Chr.

Der Stern, der über Ägypten leuchtete

Lass uns in die faszinierende Welt des Alten Ägyptens reisen, wo Kleopatra lebte. Sie war nicht nur eine intelligente und mutige Königin, sie war auch eine bemerkenswerte Persönlichkeit.

Kleopatra war sehr gebildet und konnte mehrere Sprachen sprechen. Sie war gut darin, andere zu überzeugen und mit ihnen zu verhandeln. Mit ihrem scharfen Verstand verwaltete und verteidigte sie ihr geliebtes Ägypten. Sogar große Herrscher wie Julius Cäsar und Marcus Antonius waren sehr von ihr beeindruckt.

Nicht nur war Kleopatra klug, sie war auch eine tapfere Kämpferin. Sie kämpfte für die Unabhängigkeit ihres Landes und setzte sich gegen ihre Feinde zur Wehr. Kleopatra war legendär für ihre Anmut und Schönheit, aber sie war viel mehr als das. Sie förderte

Kunst, Literatur und Wissenschaft und liebte die Kultur ihres Landes. Ihre Geschichte lehrt uns, dass Intelligenz, Entschlossenheit und Mut keine Grenzen kennen. Kleopatra ist eine Inspiration für uns alle, um unsere Träume zu verfolgen und unsere eigenen Wege zu gehen.

Frage an Kleopatra

„Ich wurde als Kapitänin unserer Fußballmannschaft ausgewählt. Hast du einen Ratschlag, was ich als Anführerin meines Teams beachten soll?"

Mögliche Antwort von Kleopatra

„Auch als Anführerin solltest du auf die Ideen deiner Teammitglieder hören. Motiviere und unterstütze dein Team. Genieße das Spiel und sei stolz auf deine Rolle als Kapitänin."

Jetzt bist du dran!
Deine Gedanken zu Kleopatra

1 **Bist du gerne Anführerin? Also zum Beispiel Kapitänin, Klassensprecherin oder Teamchefin?**

○ Ja   ○ Nein

2 **Was ist dir als Anführerin besonders wichtig?**

○ Ein guter Zusammenhalt   ○ Das Gewinnen   ○ Dass jeder zu Wort kommt   ○ ____

3 **Was würdest du Kleopatra gerne sagen? Oder hast du vielleicht eine Frage an sie?**

Die Trung-Schwestern

Vietnamesische Freiheitskämpferinnen
1. Jahrhundert n. Chr.

Die legendären Schwestern aus Vietnam

In Vietnam lebten vor langer Zeit die Trung-Schwestern. Sie waren nicht nur mutige Kriegerinnen, sondern auch starke Symbole des Widerstands gegen Unterdrückung. So kämpften die Trung-Schwestern gegen die Eroberer, die ihr geliebtes Land bedroht hatten. Sie bildeten eine Armee und führten sie mit ihren mutigen Gefolgsleuten in die Schlacht. Die Menschen um sie herum wurden von ihren Führungsqualitäten und ihrem unbeugsamen Willen inspiriert. Diese mutigen Schwestern gewannen viele Schlachten und erlangten schließlich ihre Freiheit. Sie zeigten, dass Frauen die Fähigkeit haben, genauso entschlossen und stark zu sein wie Männer.

Ihre Geschichte erinnert uns daran, wie wichtig Gerechtigkeit und Freiheit sind und dass wir für unsere Überzeugungen kämpfen sollten. Die Trung-Schwestern sind wahre Heldinnen für das Volk von Vietnam, die uns inspirieren, unsere Überzeugungen zu verteidigen und niemals aufzugeben.

Frage an die Trung-Schwestern

„Meine Tante hat zu mir gesagt, dass Judo nur etwas für Jungen sei. Was hättet ihr daraufhin gesagt?"

Mögliche Antwort der Trung-Schwestern

„Wenn du den Kampfsport liebst, dann lass dich davon nicht abbringen. Zeige deiner Tante und allen anderen, dass Mädchen genauso stark und geschickt sind wie Jungen."

Jetzt bist du dran!
Deine Gedanken zu den Trung-Schwestern

1 Hast du dich schon einmal für eine Sache, die dir wichtig war, eingesetzt?

○ Ja   ○ Nein

2 Hast du auch jemanden, der dich dabei unterstützt hat?

○ Eine Freundin   ○ Schwester / Bruder   ○ Eine erwachsene Person   ○ _____

3 Was würdest du den Trung-Schwestern gerne sagen? Oder hast du vielleicht eine Frage an sie?

Murasaki Shikibu

Japanische Schriftstellerin

Ende des 10. Jahrhunderts | Anfang des 11. Jahrhunderts

Der magische Genji - Eine Geschichte voller Zauber

Vor langer Zeit lebte eine kluge und fantasievolle Frau namens Murasaki Shikibu in Japan. Sie hatte Spaß daran, Geschichten zu erfinden und aufzuschreiben. Damals war es für Frauen sehr ungewöhnlich, Schriftstellerin zu sein, aber davon ließ sie sich nicht aufhalten. Eines Tages fing sie an, ein einzigartiges Buch namens „Genji-Monogatari" zu verfassen.

Das Buch handelt von einem Prinzen namens Genji und seinen aufregenden Abenteuern im alten Japan. Das Buch beschreibt Freundschaft, Liebe, Träume und die Schwierigkeiten des Lebens. Beim Lesen taucht man in die damalige japanische Kultur ein, in der Prinzen und Prinzessinnen aufregende Abenteuer erlebten.

Menschen im ganzen Land waren von ihren Geschichten begeistert und liebten es, sie zu lesen. Murasaki Shikibu zeigte somit allen, dass Frauen großartige Schriftstellerinnen sein können, indem sie ihre Fantasie und ihren Einfallsreichtum zum Ausdruck brachte. Bis heute inspiriert ihr Werk viele Menschen, ihre eigenen Geschichten zu erzählen.

Frage an Murasaki Shikibu
„Ich würde auch so gerne Geschichten schreiben. Leider habe ich aber noch nicht die richtige Idee. Was würdest du tun?"

Mögliche Antwort von Murasaki Shikibu
„Finde Inspiration in deiner Umgebung und den Menschen um dich herum. Lass deiner Fantasie freien Lauf und schreibe mit Freude. Die Welt wartet darauf, deine Geschichten zu entdecken!"

Jetzt bist du dran!
Deine Gedanken zu Murasaki Shikibu

1 Denkst du dir auch gerne eigene Geschichten aus?

○ Ja   ○ Nein

2 Wenn du ein Buch schreiben würdest, welches wäre es?

○ Eine Dedektivgeschichte   ○ Eine fantasievolle Geschichte   ○ eine Tiergeschichte   ○ ----

3 Was würdest du Murasaki Shikibu gerne sagen? Oder hast du vielleicht eine Frage an sie?

Jeanne d´Arc

Französische Freiheitskämpferin

vermutlich 1412 | 30. Mai 1431

Eine Geschichte von Glaube und Tapferkeit

Jeanne d'Arc war eine mutige junge Frau, die im Mittelalter geboren wurde. Sie war eine französische Landwirtin, die eine besondere Beziehung zu Gott hatte. Sie erhielt in ihren Träumen eine wichtige Botschaft: Sie sollte Frankreich vor den Engländern schützen. Jeanne war mutig und entschlossen. Sie führte die französische Armee mit ihrer Rüstung und ihrem Schwert in die Schlacht. Ihre Tapferkeit inspirierte die Menschen um sie herum. Bald nannte sie jeder „Die Jungfrau von Orléans" und sie wurde zu einer Heldin für ihr Volk. Die Engländer haben Jeanne schließlich gefangen genommen. Sie musste vor Gericht stehen und wurde schlussendlich getötet.

Jeanne d'Arc wird dem französischen Volk und auch uns allen jedoch immer in Erinnerung bleiben. Sie stellt ein Beispiel für Tapferkeit und Vertrauen in das Gute dar.

Frage an Jeanne d´Arc

„Für mich ist der Umweltschutz sehr wichtig. Ich sammle oft Müll mit Freunden oder rette Lebensmittel. Meine Eltern sagen aber, dass ich mit 11 Jahren einfach noch zu jung bin, um etwas zu verändern. Ist das wahr?"

Mögliche Antwort von Jeanne d´Arc

„Du bist nie zu jung, um etwas Gutes zu bewirken! Jeder kleine Beitrag zählt. Glaube an dich selbst und lass dich nicht von Zweifeln abhalten."

Jetzt bist du dran!
Deine Gedanken zu Jeanne d´Arc

1 Würdest du Jeanne d´Arc gerne treffen wollen?

○ Ja ○ Nein

2 Falls ja: Was würdest du mit Jeanne d´Arc unternehmen?

○ Spazieren gehen ○ Eine gemeinsame Reise ○ Etwas Sportliches ○ ____

3 Was würdest du Jeanne d´Arc gerne sagen? Oder hast du vielleicht eine Frage an sie?

Elena Piscopia

Italienische Gelehrte, erste Frau mit einem Doktortitel

25. Juni 1646 | 26. Juli 1684

Die Geschichte eines klugen, mutigen Mädchens

Elena Lucrezia Cornaro Piscopia war einmal ein kluges und wissbegieriges Mädchen, das vor einiger Zeit in Italien lebte. Obwohl das für Mädchen zu dieser Zeit nicht üblich war, wollte sie unbedingt zur Universität gehen und studieren.

Elena überzeugte die Professoren, sie an der Universität aufzunehmen, weil sie für ihr Recht auf Bildung kämpfte. Sie studierte eine Vielzahl von Themen und war besonders gut in Philosophie. Schließlich bekam Elena einen Doktortitel und das war eine Sensation, denn sie war die erste Frau überhaupt, die einen Doktortitel erhielt. Sie war aber nicht nur eine hervorragende Gelehrte, sondern auch eine liebevolle und mitfühlende Person.

Sie kämpfte für soziale Gerechtigkeit und das Wohlergehen anderer. Elenas Geschichte erinnert uns daran, wie wichtig es ist, unsere Träume zu verfolgen und gleichzeitig jenen zu helfen, denen es schlecht geht. Sie zeigt uns, dass wir unsere Fähigkeiten und unsere Intelligenz einsetzen können, um die Welt zu verbessern.

Frage an Elena Piscopia

„Manchmal weiß ich nicht so recht, was ich einmal werden will. Wie soll man sich nur entscheiden?"

Mögliche Antwort von Elena Piscopia

„Es ist normal, unsicher zu sein, was man werden möchte. Probiere Verschiedenes aus und folge deinen Interessen."

Jetzt bist du dran!
Deine Gedanken zu Elena Piscopia

1 Möchtest du auch einmal studieren?

O Ja   O Nein

2 Was interessiert dich am meisten?

O Rechnen   O Geschichten lesen/schreiben   O Die Natur erforschen   O ____

3 Was würdest du Elena Piscopia gerne sagen? Oder hast du vielleicht eine Frage an sie?

Katharina die Große

Russische Kaiserin

2. Mai 1729 | 17. November 1796

Eine großartige Herrscherin

Am 2. Mai 1729 wurde Sophie Auguste Friederike von Anhalt-Zerbst als Prinzessin in Deutschland geboren. Sie war ein kluges und neugieriges Kind und liebte es, zu lesen.

Als sie gerade einmal vierzehn Jahre alt war, wurde sie mit dem russischen Thronfolger Peter verlobt. Sophie war es unglaublich wichtig, von ihrem Mann und dem russischen Hof akzeptiert zu werden und so lernte sie mit Ehrgeiz die russische Sprache und ließ sich auch im orthodoxen Glauben unterweisen. Sie wechselte zu diesem Glauben, um sich besser zu integrieren und erhielt so den Namen Katharina.

Nach der Heirat wurde Katharina schnell klar, dass es keine glückliche Ehe sein würde. Als dann Peters Mutter starb, wurde er zum Kaiser. Katharina bemerkte, dass Peter kein guter Herrscher war. Schließlich plante sie einen Staatsstreich gegen ihren Mann, ließ ihn absetzen und wurde selbst zur Kaiserin von Russland gekrönt. Daraufhin regierte sie das Land 34 Jahre lang und bekam als einzige Herrscherin den Beinamen „die Große".

Katharina war eine gute Herrscherin, interessierte sich für Philosophie, Bücher und legte einen großen Wert auf die Bildung. Katharina war auch eine Kunstliebhaberin und baute wunderschöne Paläste. Sie sammelte Kunstwerke und unterstützte Künstler und Schriftsteller.

Katharina die Große ist bekannt für ihre kluge Führung und ihre Liebe zur Kultur. Sie regierte über Russland für viele Jahre und wird als eine der bedeutendsten Frauen der Geschichte angesehen.

Jetzt bist du dran!
Deine Gedanken zu Katharina der Großen

1 **Würdest du gerne Kaiserin sein?**

◯ Ja ◯ Nein

2 **Falls ja: Was wäre dir als Kaiserin besonders wichtig?**

◯ Kultur (Kunst, Musik, Bücher...) ◯ Bildung und Wohlstand ◯ Gerechtigkeit ◯ ____

3 **Was würdest du Katharina der Großen gerne sagen? Oder hast du vielleicht eine Frage an sie?**

Ada Lovelace

Mathematikerin und Erstellerin von Computerprogrammen

10. Dezember 1815 | 27. November 1852

Die Maschine der Zukunft

Ada war ein intelligentes und neugieriges Mädchen. Sie war die Tochter des bekannten Schriftstellers Lord Byron und hatte eine Mutter, die Mathematik beherrschte. Ada wurde im 19. Jahrhundert in England großgezogen und entwickelte schon früh eine Faszination für Zahlen und Maschinen.

Ada kombinierte ihre mathematischen Fähigkeiten mit ihrer Fantasie und schuf etwas Außergewöhnliches: Sie schrieb das erste Computerprogramm der Welt! Ihr Freund und Mathematiker erfand eine mechanische Maschine, die als Vorläufer des Computers gilt. Ada erkannte, dass diese Maschine noch viel mehr konnte und schrieb eine Reihe von Anweisungen, damit sie programmiert werden konnten.

Ada wurde zu ihrer Zeit häufig unterschätzt, denn es war sehr ungewöhnlich, dass sich eine Frau mit Mathematik und Technik beschäftigte. Doch sie zeigte der Welt, dass Frauen genauso talentiert sind wie Männer und ist immer noch ein inspirierendes Vorbild für junge Frauen, die den Traum haben, einmal mit Computern oder Maschinen zu arbeiten.

Frage an Ada Lovelace

„Ich finde große Maschinen unglaublich spannend und möchte gerne mehr darüber lernen. Was könnte ich damit machen?"

Mögliche Antwort von Ada Lovelace

„Die Möglichkeiten sind grenzenlos! Ich ermutige dich, weiter zu lernen und deine Kreativität einzusetzen, um die Maschinen der Zukunft zu gestalten."

Jetzt bist du dran!
Deine Gedanken zu Ada Lovelace

1 Kennst du dich gut mit dem Computer/Handy aus?

○ Ja ○ Nein

2 Wenn du eine App erfinden würdest, welche wäre es?

○ Ein Spiel ○ Eine App, in der man kreativ sein kann ○ Eine App für Fotos und Videos ○ ----

3 Was würdest du Ada Lovelace gerne sagen? Oder hast du vielleicht eine Frage an sie?

Florence Nightingale

Krankenschwester, Begründerin der modernen Krankenpflege

12. Mai 1820 | 13. August 1910

Eine mutige Krankenschwester

Florence wuchs in England auf und liebte es, anderen zu helfen. Schon als Kind kümmerte sie sich um ihre kranken Spielzeugtiere und verband ihre Puppen, wenn sie sich verletzten. Florence hatte den Wunsch, eine Krankenschwester zu werden, um die Welt zu verbessern. Florence verstand, dass es eine große Herausforderung war, als Frau Krankenschwester zu werden, als sie älter wurde. Aber das hinderte sie nicht daran, ihren Traum zu verwirklichen.

Eines Tages kam es zum Krieg und viele Soldaten erlitten Verletzungen. Florence wusste, dass sie gebraucht wurde. Sie besuchte das Kriegsgebiet und versorgte verwundete Soldaten.

Sie hatte einige Ideen, um Krankenhäuser und die Pflege der Verwundeten und Kranken zu verbessern. Sie gab nicht auf, diese Ideen umzusetzen und konnte damit viel Gutes tun.

Florence wurde zur Begründerin der modernen Krankenpflege. Sie zeigte, dass Mitgefühl und Engagement für andere Menschen einen großen Unterschied machen können.

Frage an Florence Nightingale

„Mein Opa ist schon länger sehr krank. Wenn wir bei ihm sind, weiß ich manchmal gar nicht so recht, was ich sagen soll. Wie kann ich meinem Opa am besten helfen?"

Mögliche Antwort von Florence Nightingale

„Wenn jemand krank ist, kann es schwierig sein, die richtigen Worte zu finden. Am besten kannst du deinem Opa helfen, indem du ihm deine Liebe zeigst und ihm deine Hilfe anbietest."

Jetzt bist du dran!
Deine Gedanken zu Florence Nightingale

1 Hilfst du gerne anderen Menschen?

○ Ja   ○ Nein

2 Wie würdest du dich um einen kranken Freund/ eine kranke Freundin kümmern?

○ Eine Karte basteln   ○ Etwas Leckeres kochen   ○ Gemeinsam Filme schauen   ○ ____

3 Was würdest du Florence Nightingale gerne sagen? Oder hast du vielleicht eine Frage an sie?

Emmeline Pankhurst

Britische Feministin und Suffragette

15. Juli 1858 | 14. Juni 1928

Emmeline und die Suffragetten

Vor vielen Jahren lebte Emmeline in England. Sie wollte, dass alle Menschen, egal ob Mädchen oder Jungen, die gleichen Rechte haben.

Emmeline erkannte, dass Frauen nicht wählen durften. Sie fand das nicht fair und wollte etwas dagegen tun. Sie gründete eine Gruppe und nannte sie die „Suffragetten". Diese Gruppe kämpfte friedlich dafür, dass Frauen das Wahlrecht haben sollten. Emmeline und die Suffragetten veranstalteten Demonstrationen und Versammlungen. Sie machten auf ihre Sache aufmerksam, indem sie Briefe schrieben und Plakate aufhingen. Viele Menschen waren deswegen wütend und wollten Emmeline und ihre Gruppe aufhalten.

Sie wurde schließlich festgenommen und ins Gefängnis gebracht, aber auch davon ließ sie sich nicht einschüchtern und gab niemals auf. Die Regierung gab schlussendlich ihren Forderungen nach und erkannte an, dass Frauen auch wählen durften.

Frauen in England erhielten das Wahlrecht aufgrund des Muts und der Entschlossenheit von Emmeline und den Suffragetten. Sie ist eine große Heldin, die gezeigt hat, dass man etwas Großes bewirken kann, wenn man sich nicht von seinem Ziel abbringen lässt.

Frage an Emmeline Pankhurst

„Wenn die Jungs von Autos oder Maschinen sprechen, sagen sie, ich bräuchte nicht mitreden. Was kann ich ihnen erwidern?"

Mögliche Antwort von Emmeline Pankhurst

„Du brauchst dich nicht von den Jungs entmutigen zu lassen. Zeig ihnen, dass du genauso klug und kompetent bist wie sie"

Jetzt bist du dran!
Deine Gedanken zu Emmeline Pankhurst

1 Würdest du Emmeline gerne treffen?
- ○ Ja
- ○ Nein

2 Was würdest du mit Emmeline unternehmen?
- ○ Ins Kino gehen
- ○ Eine gemeinsame Reise
- ○ Eis essen gehen und plaudern
- ○ __

3 Was würdest du Emmeline Pankhurst gerne sagen? Oder hast du vielleicht eine Frage an sie?

Maria Montessori

Italienische Ärztin, Pädagogin und Philosophin

31. August 1870 | 6. Mai 1952

Mit Spiel und Freude lernen

Maria Montessori war eine kluge Frau. Vor vielen Jahren lebte sie in Italien. Maria wollte, dass jedes Kind die Chance hatte, zu lernen und sich zu entwickeln.

Sie bemerkte, dass einige Kinder in der Schule Schwierigkeiten hatten, zu lernen. Sie wollte ihnen helfen und fand neue spielerische Lernmethoden. Das wurde dann die „Montessori-Methode" genannt. Maria Montessori nutzte spezielle Materialien im Klassenzimmer, um den Schülerinnen und Schülern zu helfen, selbstständig zu lernen. Die Kinder hatten die freie Wahl und konnten selbst entscheiden, mit welchem Material sie arbeiten wollten. So konnte jede und jeder auf seine eigenen Bedürfnisse hören und im eigenen Tempo lernen.

Die Montessori-Methode war ein großer Erfolg. Die Kinder waren begeistert, weil sie Spaß am Lernen hatten und so reiste Maria durch die Welt und gründete zahlreiche Montessori-Schulen.
Viele Kinder haben dank Maria Montessori die Möglichkeit, auf eine spezielle Weise zu lernen und ihr volles Potenzial zu entdecken.

Frage an Maria Montessori

„Morgen haben wir einen Test in der Schule und ich muss noch so viel lernen. Wie schaffe ich es, Freude am Lernen zu haben?"

Mögliche Antwort von Maria Montessori

„Es ist wichtig, dass du dich wohl fühlst, wenn du lernen musst. Suche dir deinen Lieblingsplatz, an dem du dich gut konzentrieren kannst. Teile deine Zeit gut ein und setze kleine Ziele."

Jetzt bist du dran!
Deine Gedanken zu Maria Montessori

1 Gehst du gerne in die Schule?

○ Ja   ○ Nein

2 Wie lernst du am Liebsten?

○ Durch eine Erklärung   ○ Wenn ich etwas lese oder selbst aufschreibe   ○ Wenn ich etwas mache/ausprobiere   ○ ---

3 Was würdest du Maria Montessori gerne sagen? Oder hast du vielleicht eine Frage an sie?

Marie Curie

Wissenschaftlerin und erste Frau, die den Nobelpreis erhielt

7. November 1867 | 4. Juli 1934

Marie Curie und die geheimnisvolle Welt der Atome

Als Kind war Marie neugierig, stellte viele Fragen und wollte alles wissen. Sie war begeistert von der Natur und schrieb fantasievolle Geschichten. Als Wissenschaftlerin wollte sie die Geheimnisse der Welt erforschen.

Marie wurde durch ihre unermüdliche Hingabe und harte Arbeit zu einer herausragenden Wissenschaftlerin. Besonders faszinierend für sie waren die winzigen Teilchen, die als „Atome" bekannt sind und aus denen alles besteht. Eines Tages entdeckte Marie gemeinsam mit ihrem Mann Pierre etwas Besonderes: Eine besondere Substanz, die strahlte! Sie nannte es „Radium". Leider machten diese Strahlen Marie und ihren Mann sehr krank.

Sie ließen sich jedoch bis zuletzt nicht unterkriegen und arbeiteten weiter. So wurde Marie Curie die erste Frau, die den Nobelpreis gewann. Sie erhielt diese Auszeichnung nicht nur für Physik, sondern auch für Chemie. Das war eine Sensation und Marie wurde eine Inspiration für viele junge Mädchen auf der ganzen Welt. Heute können Ärzte dank Marie Curie Menschen besser behandeln. Außerdem hat sie allen gezeigt, dass Frauen in der Wissenschaft genauso klug und fähig sind wie Männer.

Frage an Marie Curie

„Im Schwimmclub sind alle besser als ich. Ich weiß nicht, ob ich gut genug bin. Vielleicht sollte ich aufhören. Was würdest du tun?"

Mögliche Antwort von Marie Curie

„Vergleiche dich nicht mit anderen, sondern folge deinem Herzen. Jeder hat seine ganz besonderen Stärken und es ist wichtig, daran zu glauben. Du kannst noch so viel lernen und dich verbessern."

Jetzt bist du dran!
Deine Gedanken zu Marie Curie

1 Würdest du Marie Curie treffen wollen?

○ Ja   ○ Nein

2 Was würdest du gerne mit Marie Curie unternehmen?

○ Gemeinsame Forschungsreise   ○ In die Bibliothek gehen   ○ Einen Spaziergang in der Natur   ○ ___

3 Was würdest du Marie Curie gerne sagen? Oder hast du vielleicht eine Frage an sie?

Virginia Woolf
britische Schriftstellerin und Verlegerin

25. Jänner 1882 | 28. März 1941

Die Geschichtenerzählerin

Virginia Woolf war eine fantasievolle Frau, die vor langer Zeit in England lebte. Ihre große Leidenschaft war es, wundervolle Geschichten zu schreiben. Sie liebte es, ihrer Fantasie freien Lauf zu lassen und andere mit ihren Worten zu verzaubern.

Virginia hatte viele Ideen. Sie schrieb über starke Frauen, riskante Reisen und faszinierende Welten. Ihre Erzählungen öffneten die Türe zu anderen Welten. Sie fühlte sich jedoch manchmal traurig und einsam, als sie bemerkte, dass Mädchen und Frauen nicht dieselben Möglichkeiten hatten wie Männer. Frauen wurden damals nicht als Schriftstellerinnen anerkannt. Virginia hielt an ihrem Traum fest und wollte, dass alle ihre Geschichten lesen können. Sie setzte sich dafür ein, dass Frauen als

Schriftstellerinnen akzeptiert werden und ihre Meinung gehört wird. So schrieb sie ihr berühmtes Werk „Ein Zimmer für sich allein", in dem sie forderte, dass jede Frau ihr eigenes Geld und ihren eigenen Raum haben sollte.

Virginia Woolf wird uns als mutige und talentierte Geschichtenerzählerin in Erinnerung bleiben und ihr Wunsch ist in Erfüllung gegangen: Noch heute werden ihre Bücher auf der ganzen Welt gelesen und bewundert.

Frage an Virginia Woolf

„Ich liebe es, Geschichten zu schreiben. Ich habe aber Angst, dass nicht jeder meine Texte mag."

Mögliche Antwort von Virginia Woolf

„Es ist wichtig, dass du sich auf deine Leidenschaft für das Schreiben konzentrierst -
Vertraue auf dein Talent und lass dich nicht entmutigen!"

Jetzt bist du dran!
Deine Gedanken zu Virginia Woolf

1 **Schreibst du auch gerne?**

◯ Ja   ◯ Nein

2 **Falls ja: Welche Art von Text schreibst du am liebsten?**

◯ Fantasievolle Geschichten   ◯ Tagebuch   ◯ Gedichte   ◯ ___

3 **Was würdest du Virginia Woolf gerne sagen? Oder hast du vielleicht eine Frage an sie?**

Coco Chanel

Französische Modedesignerin

19. August 1883 | 10. Jänner 1971

Coco und das „kleine Schwarze"

Coco Chanel war eine einzigartige Frau. Vor einiger Zeit hatte sie den großen Wunsch, die Modewelt zu verändern. Coco hatte eine große Freude daran, Stoffe auszusuchen und Kleider zu entwerfen. Sie war einzigartig in ihrer Zeit: So trug sie einfache, bequeme Kleidung und nicht enge Korsetts und Hüte, so wie das damals für die Damen üblich war. Sie wollte, dass Frauen sich selbstbewusst und frei fühlen können. Eines Tages hatte Coco eine geniale Idee: Sie wollte das berühmte „kleine Schwarze" kreieren! Das Kleid war einfach, aber stilvoll und passte zu jedem Anlass. Die Menschen waren von diesem neuen Stil begeistert und bis heute noch ist das kurze schwarze Kleid in fast jedem Kleiderschrank zu finden. Coco wurde immer bekannter und ihre Mode wurde weltweit bewundert. Sie eröffnete Geschäfte und berühmte Schauspielerinnen und Sängerinnen trugen ihre Kleidung.

Coco war nicht nur eine talentierte Designerin, sie war auch eine mutige Frau. Sie ließ sich von niemandem sagen, was sie tun sollte. Sie setzte sich dafür ein, dass Frauen in der Mode- und Lebenswelt die gleichen Chancen wie Männer hatten.

Heutzutage denken wir an Coco Chanel als Modeträumerin und Pionierin. Die Modewelt wird immer noch von ihren Ideen und ihrer Mode beeinflusst.

Frage an Coco Chanel

„Ich traue mich nicht, die Kleidung zu tragen, die mir wirklich gefällt, weil ich Angst habe, dass die Leute in meiner Klasse mich dann auslachen. Was würdest du tun?"

Mögliche Antwort von Coco Chanel

„Wahre Eleganz kommt von Selbstvertrauen. Trage das, was dir gefällt, strahle Selbstbewusstsein aus und inspiriere andere damit."

Jetzt bist du dran!
Deine Gedanken zu Coco Chanel

1 Würdest du Coco Chanel treffen wollen?

◯ Ja   ◯ Nein

2 Was würdest du gerne mit Coco Chanel unternehmen?

◯ Gemeinsame Forschungsreise   ◯ In die Bibliothek gehen   ◯ Einen Spaziergang in der Natur   ◯ ---

3 Was würdest du Coco Chanel gerne sagen? Oder hast du vielleicht eine Frage an sie?

Amelia Earhart

Amerikanische Flugpionierin und Frauenrechtlerin

24. Juli 1897 | 5. Jänner 1939

Der Traum von Fliegen

Amelia Earhart war eine mutige Frau mit einem großen Traum: Fliegen! Amelia liebte schon als Kind den Himmel und Vögel, die fröhlich durch die Luft flogen. Als kleines Mädchen schon verhielt sie sich anders als ihre Freundinnen. Sie kletterte auf Bäume und interessierte sich für Frauen, die in „Männerberufen" arbeiteten.

Als ihre Eltern ihr den Flugschein nicht bezahlen wollten, arbeitete sie fleißig in den verschiedensten Jobs, um Geld für ihren Traum zu sparen. Schließlich hatte sie es geschafft und durfte das erste Mal fliegen - was für ein wundervolles Gefühl!

Amelia wollte die Welt erkunden. Sie traf die Entscheidung, alleine über das Meer zu fliegen. Als sie es schaffte, wurde sie von allen gefeiert und bekam viele Auszeichnungen.

Sie nutze damit auch jede Gelegenheit, um anderen Frauen zu zeigen, dass sie genauso viel erreichen konnten, wie Männer.
Bei ihrem letzten großen Flugprojekt verschwand Amelia und bis heute ist niemand sicher, was genau passiert ist. Ihr Mut und ihre Abenteuerlust werden jedoch niemals vergessen.

Frage an Amelia Earhart

„Ich wollte schon immer einmal von dem 10-Meter-Turm ins Wasser springen. Das machen sonst nur die Jungs aus meiner Klasse, aber ich will es auch schaffen! Wie finde ich den Mut?"

Mögliche Antwort von Amelia Earhart

„Es ist normal, sich manchmal unsicher zu fühlen, aber wenn das wirklich dein Wunsch ist, dann glaube an dich selbst. Stell dir vor, wie aufregend und stolz du sein wirst! Trau dich, du schaffst das!"

Jetzt bist du dran!
Deine Gedanken zu Amelia Earhart

1 Bist du schon einmal mit einem Flugzeug geflogen?

◯ Ja ◯ Nein

2 Welche Orte würdest du gerne bereisen?

◯ Den Dschungel ◯ Schöne Strände ◯ Große Städte ◯ ___

3 Was würdest du Amelia Earhart gerne sagen? Oder hast du vielleicht eine Frage an sie?

Grace Hopper

Amerikanische Informatikerin und Computerpionierin

9. Dezember 1906 | 1.Jänner 1992

Eine Geschichte vom Entdecken und Programmieren

Grace Hopper war eine sehr kluge Frau. Sie liebte es schon als Kind, Dinge zu entdecken und zu erforschen. Wie eine Detektivin, die versucht, ein Rätsel zu lösen, fand sie es faszinierend, wie Computer funktionieren. Sie wollte herausfinden, wie man sie dazu bringt, Aufgaben zu erledigen.

Grace studierte Mathematik und Physik. Sie wurde eine echte Computerprogrammiererin. Dies bedeutet, dass sie den Computern Anweisungen und Befehle mithilfe von speziellen Codes geben konnte. Grace hatte eines Tages eine geniale Idee. Sie erfand eine neue Computerprogrammiersprache namens COBOL. Sie entwickelte die Computersoftware weiter und war unglaublich gut darin, Fehler im Computersystem zu finden.

Ihre Arbeit hatte einen großen Einfluss auf die Entwicklung der modernen Informatik.

Sie reiste herum und hielt Vorträge darüber, wie Computer funktionieren. Sie ist eine wahre Technologieheldin, die uns gezeigt hat, dass Neugier und Entschlossenheit große Dinge erreichen können.

Frage an Grace Hopper

„Ich finde die Technik unglaublich spannend. Welche Berufe könnte ich damit später einmal ausüben?"

Mögliche Antwort von Grace Hopper

„Es ist großartig, dass du die Technik faszinierend findest! Du könntest Informatiker werden, um Computerprogramme zu entwickeln, Ingenieur für Erfindungen werden oder in der Cybersicherheit arbeiten."

Jetzt bist du dran!
Deine Gedanken zu Grace Hopper

1 Würdest du Grace Hopper gerne treffen?

○ Ja   ○ Nein

2 Was würdest du mit Grace Hopper unternehmen?

○ Computerspiele spielen   ○ Ins Kino gehen   ○ Ihr das Handy erklären   ○ ___

3 Was würdest du Grace Hopper gerne sagen? Oder hast du vielleicht eine Frage an sie?

Frida Kahlo

Mexikanische Künstlerin und Feministin

6. Juli 1907 | 13. Juli 1954

Frida Kahlo und die Farben des Lebens

Frida Kahlo liebte es schon als Kind, zu malen und farbenfrohe Bilder zu erschaffen. Das Leben von Frida war jedoch nicht immer einfach. Sie erlitt bei einem schweren Unfall Verletzungen. Frida ließ sich jedoch nicht entmutigen. Sie malte wunderschöne Bilder, um sich stark zu fühlen und ihre Gefühle auszudrücken.

Frida malte häufig sich selbst auf ihren Gemälden. Sie trug farbenfrohe Kleidung und im Haar Blumen. Ihre Gemälde wurden bekannt und die Menschen waren begeistert davon. Viele Menschen auf der ganzen Welt wurden von Fridas Kunst inspiriert.Sie engagierte sich auch politisch und setzte sich für soziale Gerechtigkeit ein. Frida inspirierte viele Frauen, mit ihrer Kunst und ihren Worten für ihre Träume zu kämpfen und sich nicht von den Erwartungen der Gesellschaft beeinflussen zu lassen.

Frida Kahlo war eine bemerkenswerte Frau, die uns beigebracht hat, dass Träume auch in schwierigen Zeiten verwirklicht werden können. Ihre lebendigen Gemälde erinnern uns daran, dass Farben und Kunst die Welt schöner machen können.

Frage an Frida Kahlo

„Manchmal finde ich mich selbst überhaupt nicht schön. Ich habe eine große Nase, für die ich auch schon verspottet worden bin."

Mögliche Antwort von Frida Kahlo

„Ich habe mich auch oft unsicher gefühlt. Aber ich habe gelernt, dass wahre Schönheit darin besteht, sich selbst zu akzeptieren und zu lieben. Sei stolz auf deine Einzigartigkeit."

Jetzt bist du dran!
Deine Gedanken zu Frida Kahlo

1 **Malst und zeichnest du auch gerne?**

○ Ja   ○ Nein

2 **Welche Motive malst du am liebsten?**

○ Menschen & Gesichter   ○ Blumen & Dinge aus der Natur   ○ Etwas Fantasievolles & Fabelwesen   ○ ____

3 **Was würdest du Frida Kahlo gerne sagen? Oder hast du vielleicht eine Frage an sie?**

Simone de Beauvoir

Französische Schriftstellerin, Philosophin und Feministin

9. Jänner 1908 | 14. April 1986

Eine Kämpferin für die Gleichberechtigung

Simone de hatte schon früh den einen großen Wunsch, dass Frauen die gleichen Rechte und Chancen wie Männer haben sollten. Sie war schon als Kind sehr klug und neugierig. Sie hatte Freude am Lesen und Lernen. Als sie älter wurde, arbeitete sie hart und wurde zu einer bekannten Schriftstellerin und Philosophin.

Simone schrieb über die Ungerechtigkeiten, mit denen Frauen damals zu kämpfen hatten. Sie setzte sich dafür ein, dass Frauen ihre eigenen Entscheidungen treffen, arbeiten und studieren konnten. Simone de Beauvoir wurde zu einer Vorbildfigur und einer Pionierin für Frauenrechte. Die Welt hat sich dank ihrer Errungenschaften verändert, wodurch Frauen heute viel mehr Möglichkeiten haben.

Simone zeigte uns, dass wir alle zusammenarbeiten können, um eine bessere Welt zu schaffen. Ihre Arbeit und ihr Erbe leben weiter und erinnern uns daran, wie wichtig Respekt und Gleichberechtigung für alle Menschen sind.

Frage an Simone de Beauvoir

„Ich habe einen Lehrer, der für schwierige Aufgaben immer nur die Jungs einteilt. Wie kann ich mich als Mädchen behaupten?"

Mögliche Antwort von Simone de Beauvoir

„Mache deinem Lehrer klar, dass du genauso klug und fähig bist wie die Jungs. Setze dich für dich selbst ein und glaube an dich selbst. Du kannst alles erreichen, was du möchtest!""

Jetzt bist du dran!
Deine Gedanken zu Simone de Beauvoir

1 Hast du ein Lieblingsbuch?

◯ Ja: _____ ◯ Nein

2 Welche Art von Büchern liest du am liebsten?

◯ Menschen & Gesichter   ◯ Blumen & Dinge aus der Natur   ◯ Etwas Fantasievolles & Fabelwesen   ◯ _____

3 Was würdest du Simone de Beauvoir gerne sagen? Oder hast du vielleicht eine Frage an sie?

Astrid Lindgren

Schwedische Schriftstellerin

14. November 1907 | 28. Jänner 2002

Geschichten von starken Mädchen

Astrid fand es schon als Kind spannend, zu lesen und sich Geschichten auszudenken. Sie hatte eine lebendige Fantasie und liebte es, in ihr Tagebuch zu schreiben.

Als sie erwachsen wurde, träumte sie davon, Schriftstellerin zu werden. Eines Tages dachte sie sich eine Geschichte über ein mutiges und starkes Mädchen aus. Sie nannte dieses Mädchen Pippi Langstrumpf. Die Geschichte von Pippi Langstrumpf ist bis heute ein großer Erfolg und wurde nicht nur in verschiedenste Sprachen übersetzt, sondern auch mehrfach verfilmt. Astrids Geschichten waren so beliebt, weil ihre Heldinnen und Helden Kinder waren. Astrid war es wichtig, dass Kinder in ihren Geschichten selbstbewusst und stark waren.

Sie wollte, dass sie an ihre Träume glauben und für sich selbst und andere einstanden. So schrieb sie über Kinder, die Abenteuer erlebten und sich für Gerechtigkeit einsetzten.

Astrid Lindgrens Bücher wurden berühmt und in zahlreiche Sprachen übersetzt. Sie entwickelte sich zu einer Geschichtenerzählerin, die Kinder auf der ganzen Welt verzauberte.

Frage an Astrid Lindgren

„Ein paar Mädchen in meiner Klasse schließen mich immer aus und machen sich über mich lustig. Was kann ich tun?"

Mögliche Antwort von Astrid Lindgren

„Du verdienst Freunde, die dich so mögen, wie du bist. Suche auch nach anderen Menschen, die dich verstehen und akzeptieren."

Jetzt bist du dran!
Deine Gedanken zu Astrid Lindgren

1 Kennst du die Geschichten von Pippi Langstrumpf?

○ Ja   ○ Nein

2 Welche Eigenschaft von Pippi gefällt dir besonders?

○ Dass sie so frech ist   ○ Ihr Mut   ○ Ihre Stärke   ○ ___

3 Was würdest du Astrid Lindgren gerne sagen? Oder hast du vielleicht eine Frage an sie?

Mutter Teresa

Ordensschwester und Missionarin

26. August 1910 | 5. September 1997

Schutzengel der Armen und Kranken

Mutter Teresa hatte schon als Kind ein großes Herz. Sie hatte schon früh einen großen Herzenswunsch: Sie wollte Menschen in Not helfen und für mehr Liebe und Freundlichkeit auf der Welt sorgen.

Als sie erwachsen wurde, ging sie nach Indien, um dort den Menschen zu helfen. Mutter Teresa kümmerte sich dort um die Obdachlosen, Armen und Kranken. Sie gab ihnen Essen, Medikamente und einen warmen Ort zum Schlafen. Sie half den Kindern, die keine Eltern hatten, und tröstete die Einsamen. Sie bezeichnete ihr Zuhause als "Das Heim für die Sterbenden". Dort fühlten sich die Menschen liebevoll angenommen, die niemanden hatten, der sie unterstützte.

Wenn sie traurig waren, hielt sie ihre Hand und sprach ihnen Mut zu. Mutter Teresa wurde auf der ganzen Welt für ihre Liebe und ihr gutes Herz berühmt. Sie wurde verehrt wie ein Engel, der die Armen und Bedürftigen schützte.

Mutter Teresas unerschütterliche Liebe und Unterstützung der Bedürftigen wird uns immer motivieren, Gutes zu tun und denen zu helfen, die es brauchen.

Frage an Mutter Teresa

„Ich habe eine Oma, die sehr krank ist und nur im Bett liegen kann. Wie kann ich ihr am besten helfen?"

Mögliche Antwort von Mutter Teresa

„Halte ihre Hand und erzähle ihr von deinem Tag. Du kannst auch kleine Dinge für sie tun, wie aus ihrem Lieblingsbuch vorlesen."

Jetzt bist du dran!
Deine Gedanken zu Mutter Teresa

1 Hilfst du gerne anderen Menschen?

○ Ja ○ Nein

2 Gibt es einen Beruf, der dich besonders interessiert?

○ Kranken-schwester/Ärztin ○ Sozialarbeiterin ○ Im Kinderheim arbeiten ○ ___

3 Was würdest du Mutter Teresa gerne sagen? Oder hast du vielleicht eine Frage an sie?

Dorothy Crowfoot Hodgkin
Britische Biochemikerin

12. Mai 1910 | 29. Juli 1994

Spurensucherin in der Welt der Chemie

Dorothy Crowfoot Hodgkin war schon als Kind neugierig und wollte die Welt kennenlernen. Sie hatte den Wunsch, Dinge zu untersuchen, die man nicht mit bloßem Auge sehen kann.

Dorothy entwickelte ein Interesse an Chemie und geheimnisvollen Kristallen, als sie älter wurde. Sie forschte unermüdlich und entdeckte die Struktur von Kristallen. Nicht nur die Chemie, sondern auch die Medizin profitierte von ihren Entdeckungen. Dorothy Crowfoot Hodgkin wurde als eine der wichtigsten Wissenschaftlerinnen ihrer Zeit weltweit anerkannt. Ihre Entdeckungen halfen bei der Bekämpfung zahlreicher Krankheiten und der Entwicklung von Medikamenten, die Menschen heilten.

Dorothy erhielt den Nobelpreis für Chemie - als dritte Frau nach Marie Curie und deren Tochter Irène Joliot-Curie.

Dorothy Crowfoot Hodgkin konnte mit ihren Entdeckungen große Fortschritte in Chemie und Medizin erzielen und hat damit bei der Heilung von Krankheiten geholfen. Ihre Bescheidenheit und ihr Wunsch, anderen zu helfen, machten sie zu einem Vorbild.

Frage an Dorothy Hodgkin

„Wir haben nächste Woche einen Biologie-Test in der Schule und ich habe solche Angst, eine schlechte Note zu schreiben. Was würdest du tun?"

Mögliche Antwort von Dorothy Hodgkin

„Fürchte dich nicht vor Herausforderungen, denn sie sind Chancen, zu wachsen. Bereite dich gut vor, stelle Fragen und glaube an deine Fähigkeit, Neues zu lernen."

Jetzt bist du dran!
Deine Gedanken zu Dorothy Crowfoot Hodgkin

1 Erforschst du auch gerne neue Dinge?

○ Ja   ○ Nein

2 Falls ja: Was erforschst du am liebsten?

○ Die Natur   ○ Tiere   ○ Andere Länder   ○ ___

3 Was würdest du Dorothy Hodgkin gerne sagen? Oder hast du vielleicht eine Frage an sie?

Rosa Parks
Amerikanische Bürgerrechtlerin

4. Feburar 1913 | 24. Oktober 2005

Eine Stimme für Gerechtigkeit

Rosa Parks war eine mutige Frau. Sie lebte zu einer Zeit, in der Menschen aufgrund ihrer Hautfarbe unterschiedlich behandelt wurden, in Amerika. Rosa wollte, dass jede und jeder gerecht und gleich behandelt wird.

Eines Tages stieg Rosa in einen Bus ein und belegte einen Platz, der als „nur für Weiße" ausgewiesen war. Rosa wurde von dem Fahrer gesagt, dass sie ihren Platz verlassen und weiter hinten sitzen sollte, als der Bus voller wurde. Rosa stand jedoch nicht auf.

Sie hatte den Wunsch, ein Zeichen zu setzen und für ihre Rechte einzutreten. Sie antwortete mit einem „Nein" und blieb sitzen. Das war sehr mutig, weil es zu dieser Zeit gefährlich war, sich gegen die Regeln zu wehren. Ihre mutige Handlung hatte einen erheblichen Einfluss.

Sie wurde von vielen Menschen unterstützt, die dann auch begannen, für die Gleichbehandlung aller zu kämpfen. Ihre Tapferkeit trug zur Aufhebung der Rassentrennung in Bussen bei. Heute erinnern wir uns an Rosa Parks als eine inspirierende Frau, die uns lehrte, dass wir alle dazu beitragen können, eine gerechte Welt zu schaffen, in der jede und jeder gleich behandelt wird.

Frage an Rosa Parks

„Woher nimmt man den Mut, für sich oder andere einzustehen? Ich traue mich manchmal nicht, mich zu wehren."

Mögliche Antwort von Rosa Parks

„Den Mut, für sich oder andere einzustehen, findet man, wenn man an das Recht auf Gleichbehandlung glaubt. Trau dich, deine Stimme zu erheben."

Jetzt bist du dran!
Deine Gedanken zu Rosa Parks

1 **Warst du schon einmal Zeugin oder Zeuge/ Opfer von Ungerechtigkeit?**

○ Ja   ○ Nein

2 **Falls ja: Wie hast du reagiert?**

○ Ich habe für mich/andere eingestanden   ○ Ich bekam Hilfe von jemandem   ○ Ich konnte mich nicht wehren

3 **Was würdest du Rosa Parks gerne sagen? Oder hast du vielleicht eine Frage an sie?**

Hedy Lamarr

Österreichisch-amerikanische
Filmschauspielerin und Erfinderin

9. November 1914 | 19. Jänner 2000

Ein Hollywood-Star, der die Welt veränderte

Hedy Lamarr war eine kluge und neugierige Frau. Als kleines Mädchen wurde sie in Österreich geboren, wo sie gerne Gegenstände auseinanderbaute, um zu sehen, wie sie funktionieren.

Als sie älter wurde, zog sie nach Hollywood und wurde schließlich eine berühmte Schauspielerin. Auf der Leinwand bewunderten die Leute ihre Schönheit und ihre Talente. Hedy hatte jedoch auch eine andere Leidenschaft: Neue Dinge zu erfinden. Hedy dachte eines Tages darüber nach, den Kriegsschiffen im Zweiten Weltkrieg zu helfen. Sie arbeitete hart und tüftelte mit hrem Freund George an einer Idee. Sie entwickelten eine Technologie, die es ihnen ermöglichte, Torpedos durch Funkwellen zu steuern. Sie erhielten sogar ein Patent für ihre geniale Idee.

Leider erkannten die Menschen in dieser Zeit nicht sofort die Bedeutung dieser Erfindung.

Hedys Beitrag wurde leider erst viele Jahre später, als die Technologie weiter fortgeschritten war, wirklich geschätzt. Ihre Erfindung war schließlich die Grundlage der Entwicklung von drahtloser Kommunikation, so wie wir sie heute mit den Handys kennen.

Frage an Hedy Lamarr

„Wie klappt das, zwei so wichtige Leidenschaften zu haben? Ich liebe das Singen und das Tanzen. Kann ich beides machen?"

Mögliche Antwort von Hedy Lamarr

„Ich verstehe, dass es eine Herausforderung ist, aber du musst kein Hobby aufgeben. Sie machen dich beide aus und gehören zu dir."

Jetzt bist du dran!
Deine Gedanken zu Hedy Lamarr

1 Erfindest du auch gerne neue Dinge?

◯ Ja   ◯ Nein

2 Falls ja: Was würdest du gerne erfinden?

◯ Einen Putzroboter   ◯ Eine Hausaufgaben-Maschine   ◯ Das Beamen   ◯ ___

3 Was würdest du Hedy Lamarr gerne sagen? Oder hast du vielleicht eine Frage an sie?

Rosalind Franklin
britische Biochemikerin

25. Juli 1920 | 16. April 1958

Die Entdeckerin der Doppelhelix

Bereits in jungen Jahren begann Rosalind Franklins Liebe zur Wissenschaft, als sie die Geheimnisse der Natur erforschen wollte. Kleine Dinge, die das menschliche Auge nicht sehen konnte, faszinierten Rosalind besonders. Sie interessierte sich dafür, zu erfahren, wie sie aufgebaut waren und wie sie funktionierten.

Als sie erwachsen wurde, arbeitete sie hart für ihren Traum und wurde zu einer Fachfrau in Chemie und Materialstruktur.

Eines Tages versuchte Rosalind zusammen mit ihren Kollegen, die DNA-Kristalle zu entschlüsseln. Diese winzigen Kristalle schienen eine Leiter zu sein, die sich drehte, fast wie eine Doppelspirale!

Rosalind machte erstaunliche Fotos von diesen Strukturen und entdeckte demnach die Form der Doppelhelix. Diese Entdeckung ermöglichte es den Menschen, ein besseres Verständnis vom menschlichen Körper und dem Leben allgemein zu erlangen. Leider erhielt Rosalinds Arbeit zu Beginn nicht genug Aufmerksamkeit und sie wurde in vielen Veröffentlichungen nicht erwähnt. Sie wurde sogar dafür kritisiert, dass sie eine intelligente Frau war, die sich nichts aus schicker Kleidung oder Make-up machte und auch nicht heiraten wollte.

Erst später erkannte die Welt die Bedeutung ihrer Arbeit und ihre Entdeckung half, viele neue wissenschaftliche Erkenntnisse zu gewinnen.

Heute weiß man: Rosalind Franklin war eine Entdeckerin und Wissenschaftspionierin. Ihre Forschung verbesserte unser Verständnis über die Welt.

Jetzt bist du dran!
Deine Gedanken zu Rosalind Franklin

1 Würdest du gerne gemeinsam mit Rosalind Franklin etwas erforschen?

○ Ja   ○ Nein

2 Falls ja: Welche Forschungen würdet ihr leiten?

○ Für ein besonderes Heilmittel   ○ Tierverhalten   ○ Chemische Reaktionen   ○ ____

3 Was würdest du Rosalind Franklin gerne sagen? Oder hast du vielleicht eine Frage an sie?

Queen Elisabeth II.
Königin von Großbritannien

21. April 1926 | 8. September 2022

Königin der Herzen

Mit 27 Jahren übernahm Queen Elisabeth II. die Rolle der Königin von England und regierte für ihr Volk mit großer Liebe und Fürsorge. Insgesamt war Elisabeth II. ganze 70 Jahre auf dem Thron: Kein britisches Staatsoberhaupt regierte so lange wie sie.

Sie war eine starke Frau, die einige schwierige Zeiten ihres geliebten Landes durchleben musste. Elisabeth II. war nicht nur eine Königin, sie war auch eine liebevolle Mutter, Großmutter und Urgroßmutter. Sie hatte eine starke Bindung zu ihrer Familie und schätzte es, Zeit mit ihr zu verbringen. Für ihr Volk war Königin Elisabeth II. eine Heldin. Sie hat viele wohltätige Organisationen unterstützt und Menschen in Not geholfen. Sie wurde als „Königin der Herzen" bezeichnet, weil sie so freundlich und königlich war.

Sie wurde von den Menschen geliebt und bei besonderen Anlässen gefeiert.

Viele Menschen auf der ganzen Welt haben Queen Elisabeth II. als Inspiration angesehen. Ihre Geschichte erinnert uns daran, wie eine Königin mit Liebe, Weisheit und Mitgefühl das Herz ihres Volkes gewinnen kann.

Frage an Queen Elisabeth II.

„Ich bin nun Klassensprecherin und möchte das gut machen. Welche Eigenschaften sind wichtig in einer Führungsposition?"

Mögliche Antwort von Queen Elisabeth II.

„Freundlichkeit, Empathie und das Zuhören der Menschen um dich herum sind besonders wichtig. Setze ein Beispiel und behandle andere so, wie du selbst behandelt werden möchtest."

Jetzt bist du dran!
Deine Gedanken zu Queen Elisabeth II.

1 Wärst du gerne eine Königin?

◯ Ja ◯ Nein

2 Falls ja: Was würdest du als Königin machen?

◯ Wunderschöne Kleider anziehen ◯ Für Gerechtigkeit sorgen ◯ Anderen Menschen helfen

3 Was würdest du Queen Elisbath II. gerne sagen? Oder hast du vielleicht eine Frage an sie?

Maria Teresa de Filippis
Italienische Rennfahrerin

11. November 1926 | 9. Jänner 2016

Die erste Frau in der Formel 1

Maria Teresa de Filippis war eine mutige Frau mit einem großen Traum: Sie wollte Rennfahrerin werden und mit schnellen Autos über Rennstrecken fahren.

Maria Teresa liebte schon als Kind das Rasen und die Geschwindigkeit. Später wurde ihr Traum, an Autorennen teilzunehmen, tatsächlich wahr. Maria musste jedoch einige Hürden meistern, da die Menschen damals dachten, Rennfahren sei nur etwas für Männer. Maria Teresa ließ sich jedoch nicht entmutigen und setzte sich für ihr Recht, in der Motorsport-Welt der Männer teilzunehmen, ein. Sie zeigte der Welt, dass Frauen genauso mutig und talentiert wie Männer sind. Sie gewann - nicht zuletzt durch ihre Fähigkeit und ihre Leidenschaft - das Herz vieler Menschen sowohl auf als auch abseits der Rennstrecke.

Maria Teresa war schließlich die erste Frau, die bei einer Formel-1-Weltmeisterschaft teilnahm.

Trotz dieses unglaublichen Erfolges blieb Maria bescheiden und half anderen Frauen, ihren Traum zu verfolgen. Maria Teresa de Filippis war eine Heldin für viele und inspirierte viele Mädchen, an ihre Träume zu glauben.

Frage an Maria Teresa de Filippis
„Ich möchte an der Skateboard-Meisterschaft hier im Ort teilnehmen, habe aber auch Angst, zu versagen. Was soll ich tun?"

Mögliche Antwort von Maria Teresa de Filippis
„Jeder hat manchmal Angst, aber lass das nicht dein Feuer löschen. Glaube an dich selbst, übe fleißig und habe Spaß dabei - egal, wie es endet, du wirst eine wertvolle Erfahrung machen und daran wachsen."

Jetzt bist du dran!
Deine Gedanken zu Maria Teresa de Filippis

1 Hast du ein Hobby/eine Leidenschaft?

○ Ja ○ Nein

2 Falls ja: Was macht dir besonders Spaß?

○ Sport und Abenteuer ○ Bücher und Filme ○ Musik und Instrumente

3 Was würdest du Maria Teresa de Filippis gerne sagen? Oder hast du vielleicht eine Frage an sie?

Anne Frank
Holocaust-Opfer

12. Juni 1929 | Februar/März 1945

Das Tagebuch der Anne Frank

Am 12. Juni 1929 wurde Anne Frank in Deutschland geboren. Ihre Eltern zogen mit ihr nach Amsterdam, als sie vier Jahre alt war, um vor den schlimmen Dingen, die in Deutschland passierten, zu fliehen. Anne liebte es, sich mit Freunden zu treffen, zu lesen und zu schreiben. Doch als der Zweite Weltkrieg kam, änderte sich alles. Die Nazis begannen, diejenigen zu verfolgen, die anders waren. Anne und ihre Familie zogen in ein Geheimversteck in einem Haus. Es war kein einfaches Leben für sie: Sie mussten leise sein und durften nicht hinausgehen. Anne war jedoch tapfer und schrieb in ihrem Tagebuch über ihre Gefühle und Gedanken. Sie hatte den Wunsch, Schriftstellerin zu werden und die Leute über das Leid, das im Krieg passiert, aufzuklären.

Leider wurde das Versteck verraten und Anne und ihre Familie wurden gefangen genommen. Sie wurde in ein Konzentrationslager gebracht und dort sehr krank.

Anne Frank verstarb tragischerweise im März 1945, kurz vor dem Ende des Krieges. Ihr Tagebuch überlebte jedoch und wurde später veröffentlicht. Es inspirierte viele Menschen auf der ganzen Welt für Frieden und Toleranz zu kämpfen.

Frage an Anne Frank

„Ich habe einen riesigen Streit mit meinen Eltern. Ich bin wütend und traurig und weiß gar nicht wohin mit meinen Gefühlen. Was würdest du tun?"

Mögliche Antwort von Anne Frank

„Das tut mir sehr leid. Vielleicht hilft es dir, genauso wie mir, deine Gedanken aufzuschreiben, um sie so besser zu verstehen oder gar loszuwerden."

Jetzt bist du dran!
Deine Gedanken zu Anne Frank

1 Schreibst du auch gerne in ein Tagebuch?

○ Ja   ○ Nein

2 Falls ja: Welche Dinge sind in deinem Tagebuch?

○ Fotos und Bilder   ○ Geschichten   ○ Wie ich mich fühle und was ich denke   ○ ____

3 Was würdest du Anne Frank gerne sagen? Oder hast du vielleicht eine Frage an sie?

Jane Goodall

britische Verhaltensforscherin

3. April 1934

Abenteuer im Dschungel

Schon als Kind liebte Jane alle Tiere und die Natur. Im Garten spielte sie häufig und beobachtete Vögel und Insekten.

Jane Goodall reiste als Kind nach Afrika, um wilde Tiere zu erforschen. Sie besuchte den Dschungel und traf auch auf Schimpansen. Jane behandelte die Schimpansen mit Freundlichkeit und Vorsicht. Die Schimpansen gewöhnten sich an sie, als sie sie still beobachtete.

Jahre später wurde Jane Goodall Verhaltensforscherin und verbrachte viel Zeit damit, mit den Schimpansen zu leben und sie zu beobachten. Sie beobachtete, wie sie miteinander kommunizierten und Werkzeuge zum Essen benutzten. Jane erkannte, dass Schimpansen, ähnlich wie wir Menschen, Gefühle und eine Persönlichkeit haben.

Jane gründete auch eine Stiftung, um den Lebensraum der Schimpansen zu schützen.

Sie lehrte den Menschen, wie wichtig es ist, die Natur zu schützen und Tiere mit Respekt zu behandeln.

Jane ist heute eine angesehene Forscherin und Umweltschützerin. Sie hat viele Tiere unterstützt und viele Kinder und Erwachsene dazu inspiriert, sich um die Umwelt zu kümmern.

Das hat sie gesagt

„Eine große Kraft entsteht, wenn junge Menschen beschließen, etwas zu verändern. Sie haben Macht und die Zukunft des Planeten in ihrer Hand."

Jetzt bist du dran!
Deine Gedanken zu Jane Goodall

1 Hast du ein Haustier oder hättest du gerne eines?

○ Ja ○ Nein

2 Was gefällt dir daran, ein Haustier zu haben?

○ Einen treuen Freund zu haben ○ Das Kuscheln ○ Sich um ein Tier zu kümmern ○ ___

3 Was würdest du Jane Goodall gerne sagen? Oder hast du vielleicht eine Frage an sie?

Margret Hamilton

US-amerikanische Informatikerin und Mathematikerin
17. August 1936

Der Computer für die Reise zum Mond

Margret Hamilton hatte bereits als Kind eine Vorliebe für Bücher und Erzählungen über das Universum und die Sterne. Sie hatte den Wunsch, als Astronautin das Universum zu erforschen.

Margret studierte Mathematik und Informatik, als sie älter wurde. Sie war äußerst intelligent und entwickelte sogar ihre eigenen Computerprogramme. Eines Tages erlebte sie eine einzigartige Chance: Sie wurde Teil eines Teams, das an der Entwicklung des ersten Computers der Welt beteiligt war. Margret arbeitete hart und half bei der Weiterentwicklung des Computers. Die NASA, die Weltraumbehörde der USA, hörte von ihren herausragenden Fähigkeiten. Sie sollte den Computer für eine wichtige Raumfahrtmission programmieren - die Reise zum Mond!

Margret hatte eine spannende Zeit. Sie berechnete alles genau, während sie vor den großen Computern saß. Würde die Rakete tatsächlich den Mond erreichen? Dank Margrets hervorragender Arbeit lief alles perfekt. Die Astronauten erreichten den Mond sicher und kehrten zufrieden zurück zur Erde.

Margaret war jetzt bekannt und eine wahre Raumfahrtheldin. Viele Mädchen und Jungen wurden von ihr inspiriert, an ihre Träume zu glauben und alles zu erreichen, was sie sich vornahmen.

Das hat sie gesagt

„Rückblickend betrachtet waren wir die glücklichsten Menschen der Welt. Es gab keine andere Wahl, als Pioniere zu sein; keine Zeit, Anfänger zu sein."

Jetzt bist du dran!
Deine Gedanken zu Margret Hamilton

1 **Machst du gerne etwas am Computer?**

○ Ja   ○ Nein

2 **Falls ja: Könntest du dir vorstellen, einmal mit dem Computer zu arbeiten?**

○ Ja   ○ Eher nicht   ○ Nicht den ganzen Tag

3 **Was würdest du Margret Hamilton gerne sagen? Oder hast du vielleicht eine Frage an sie?**

Walentina Tereschkowa

russische Kosmonautin

6. März 1937

Die Reise zu den Sternen

Walentina Wladimirowna Tereschkowa liebte schon als Kind den Himmel und die Wolken. Sie hatte den Wunsch, einmal in das Weltall zu fliegen.

Als sie älter wurde, beschloss Walentina, Pilotin zu werden. Sie lernte fliegen und zeigte im Cockpit großes Geschick. Eines Tages hörte sie davon, dass die Sowjetunion eine Frau sucht, die als erste Frau überhaupt ins Weltall fliegen würde. Walentina war begeistert und meldete sich umgehend für diese bedeutende Aufgabe. Schließich bestieg sie im Juni 1963 eine kleine Raumkapsel und flog damit in den Himmel. Sie hatte das Gefühl, ein Vogel zu sein und sie konnte die Erde von oben betrachten.

Das war ein fantastisches Gefühl!

Fast drei Tage war Walentina im Weltall und umrundete 48-mal die Erde. Sie war die erste Frau, die so hoch hinaufflog! Die ganze Welt jubelte und war stolz auf sie.

Sie wurde nach ihrer Rückkehr als Heldin gefeiert. Walentina ermöglichte es vielen anderen Frauen, den Traum zu verwirklichen, ins Weltall zu reisen.

Sie war nicht nur eine Astronautin, sondern auch eine starke Frau, die in der Politik tätig war. Bis heute halten wir Walentina Wladimirowna Tereschkowa für eine echte Pionierin der Raumfahrt und eine inspirierende Heldin für uns alle.

Ihre Geschichte lehrt uns, dass Mut und Wille alles erreichen können, selbst das Fliegen zu den Sternen!

Jetzt bist du dran!
Deine Gedanken zu Walentina Tereschkowa

1 Würdest du gerne einmal in das Weltall fliegen?

○ Ja   ○ Nein

2 Falls ja: Was gefällt dir am Weltall?

○ Die Sterne   ○ Die Planeten   ○ Die Welt von oben zu betrachten   ○ ____

3 Was würdest du Walentina Terschkowa gerne sagen? Oder hast du vielleicht eine Frage an sie?

Junko Tabei
japanische Bergsteigerin

22. September 1939 | 20. Oktober 2016

Als Erste am höchsten Gipfel

Junko Tabei war ein mutiges Mädchen, das in Japan lebte. Sie liebte schon als Kind die Natur und hatte den Wunsch, hohe Berge zu erklimmen.

Als sie älter wurde, bestieg sie viele Berge und wurde zur ersten Frau, die den höchsten Berg der Welt erklomm: Den Mount Everest! Das war eine fantastische Leistung! Junko ließ sich von Herausforderungen nicht abschrecken und zeigte der Welt, dass ihr Träume wahr werden können.

Junko bewunderte die Schönheit der Natur. Sie hat nicht nur den Mount Everest erklommen, sondern auch viele andere Berge auf der ganzen Welt. Dabei erkannte sie auch, wie wichtig es ist, die Umwelt zu schützen und setzte sich dafür ein, dass die Menschen respektvoller mit den Bergen und Wäldern umgingen.

Junko Tabei war also nicht nur eine mutige Bergsteigerin, sondern auch eine Botschafterin für die Umwelt. Sie erinnert uns daran, wie schön unsere Welt ist und wie wichtig es ist, sie zu schützen.

Frage an Junko Tabei

„Ich liebe es auch, zu wandern und würde gerne helfen, die Umwelt zu schützen. Was kann man tun, um die Berge und Wälder zu bewahren?"

Mögliche Antwort von Junko Tabei

„Du kannst helfen, die Berge und Wälder zu schützen, indem du Müll sammelst, und ihn richtig entsorgst. Außerdem könntest du anderen von der Schönheit der Natur erzählen und sie ermutigen, respektvoll mit der Umwelt umzugehen."

Jetzt bist du dran!
Deine Gedanken zu Junko Tabei

1 **Gehst du auch gerne wandern/bergsteigen?**

◯ Ja   ◯ Nein

2 **Falls ja: Was war der höchste Berg, dessen Gipfel du je erreicht hast?**

----

3 **Was würdest du Junko Tabei gerne sagen? Oder hast du vielleicht eine Frage an sie?**

Wangari Maathai

kenianische Umweltaktivitstin

1.April 1940 | 25. September 2011

Erste afrikanische Frau mit einem Friedensnobelpreis

Wangari Maathai, ein kluges und mutiges Mädchen, wuchs in Kenia auf. Sie liebte es schon als Kind, in der Natur zu spielen und die Bäume und Blumen zu bewundern.

Als sie älter wurde, studierte Wangari Maathai Biologie in den USA und erwarb schließlich als allererste Frau aus Kenia den Doktorgrad an der University of Nairobi.

Die Natur lag ihr nach wie vor sehr am Herzen und sie erkannte, dass die Wälder immer mehr verschwanden und viele Bäume gefällt wurden. Das machte sie traurig, denn sie wusste, wie wichtig die Bäume für die Umwelt und die Tiere waren. Wangari beschloss, etwas dagegen zu tun!

Sie rief ihre Freunde zusammen, um gemeinsam Bäume zu pflanzen. Sie nannten sich die „Grüngürtel-Bewegung". Wangari wollte, dass die Leute verstehen, wie wichtig es ist, die Erde zu schützen.

Wangari kämpfte tapfer gegen die Abholzung der Wälder und auch für die Rechte der Frau in Afrika. Dafür wurde sie sogar mehrfach eingesperrt, doch sie ließ sich nicht entmutigen. Für ihren großen Einsatz wurde sie sogar mit dem Nobelpreis ausgezeichnet.

So haben Wangaris Fleiß und ihre Liebe zur Natur dazu geführt, dass viele Menschen Bäume in Kenia und auf der ganzen Welt gepflanzt haben.

Spannend zu wissen:

Durch die Grüngürtel-Bewegung wurden tatsächlich etwas mehr als 30 Millionen Setzlinge gepflanzt.

Jetzt bist du dran!
Deine Gedanken zu Waangari Maathai

1 Gärtnerst du gerne?

○ Ja   ○ Nein

2 Falls ja: Wie würde dein Traum-Garten aussehen?

_____

3 Was würdest du Wangari Maathai gerne sagen? Oder hast du vielleicht eine Frage an sie?

Zaha Hadid
irakisch-britische Architektin

31. Oktober 1950 | 31. März 2016

Gebäude wie Kunstwerke

Bereits in jungen Jahren hatte Zaha Hadid Freude daran, mit Formen und Linien zu spielen. Wie in ihren Träumen hatte sie den Wunsch, großartige Dinge zu erschaffen.

Zaha ging zur Schule und lernte alles über Architektur und Design. Sie hatte so viele kreative Ideen - sie wollte, dass ihre Gebäude einzigartig waren. Zaha wollte nicht nur gerade Linien, sondern auch gewundene und kurvige Formen gestalten.

Sie hatte Träume von Gebäuden, die wie fliegende Vögel oder Wellen im Meer aussahen. Ihre Ideen haben die Menschen häufig erstaunt und manchmal war sie sich nicht sicher, ob all ihre Pläne auch tatsächlich umgesetzt werden konnten. Sie arbeitete jedoch hart und überwand alle Herausforderungen.

Zahas Träume wurden eines Tages Wirklichkeit. Sie errichtete ihre besonderen Bauwerke auf der ganzen Welt. Ihre Gebäude waren wie Kunstwerke und ließen die Menschen erstaunen.

Für ihre einmalige Arbeit erhielt sie schließlich als erste Frau den Pritzker-Architekturpreis. Dieser Preis gilt als die bedeutsamste Ehrung in der Architektur.

Und so bleibt Zaha Hadids Erbe lebendig und eine Quelle der Inspiration für all jene, die mutig genug sind, ihren Träumen zu folgen und ihre eigene kreative Reise zu beginnen.

Zaha lehrte uns, dass wir mit Fantasie, Hingabe und dem Glauben an unsere Fähigkeiten die Welt mit unseren Ideen gestalten können, genauso wie sie es mit ihren atemberaubenden Gebäuden getan hat.

Jetzt bist du dran!
Deine Gedanken zu Zaha Hadid

1 **Hast du auch schon einmal dein Traumhaus geplant?**

◯ Ja ◯ Nein

2 **Falls ja: Wie würde dein Haus aussehen?**

_____

_____

3 **Was würdest du Zaha Hadid gerne sagen?**
Oder hast du vielleicht eine Frage an sie?

Angela Merkel

Ehem. Bundeskanzlerin von Deutschland

17. Juli 1954

Wir schaffen das

Angela Merkel kam am 17. Juli 1954 in Deutschland zur Welt. Sie war von klein auf sehr fleißig und liebte das Lernen.

Angela studierte Physik und erlangte sogar einen Doktortitel. Später wurde sie politisch aktiv und wurde 2005 schließlich zur deutschen Bundeskanzlerin gewählt. Sie war die allererste Frau in Deutschland, die diese Position erreichte.

Während ihrer Amtszeit engagierte sich Angela Merkel für zahlreiche bedeutende Angelegenheiten. Sie unterstützte den Umweltschutz, die Bildung und eine gute internationale Zusammenarbeit. Angela trug auch zur Führung Europas in schwierigen Zeiten bei. Angela Merkel war bekannt für ihre starke Führung und Diplomatie.

Sie wurde weltweit geschätzt und setzte sich für Frieden und Zusammenarbeit ein.

Ihre Amtszeit als Bundeskanzlerin beendete sie 2021. Sie hinterließ in der Geschichte eine beeindruckende Spur als mächtige Frau, die das Land mit Weisheit und Entschlossenheit führte.

Die Geschichte von Angela Merkel zeigt, dass Frauen durch Fleiß, Intelligenz und Entschlossenheit viel erreichen können.

Das hat sie gesagt

Mit dem Kopf durch die Wand wird nicht gehen.
Da siegt zum Schluss immer die Wand.

Jetzt bist du dran!
Deine Gedanken zu Angela Merkel

1 **Könntest du dir vorstellen, einmal politisch aktiv zu sein?**

○ Ja ○ Nein

2 **Für welche Themen würdest du dich einsetzen?**

○ Umwelt- oder Tierschutz ○ Gerechtigkeit ○ Neuerungen im Schulsystem ○ ____

3 **Was würdest du Angela Merkel gerne sagen? Oder hast du vielleicht eine Frage an sie?**

Michelle Obama

Ehem. First Lady, Rechtsanwältin, Autorin

17. Jänner 1964

Von Chicago ins Weiße Haus - Eine Lebensreise

Michelle Obama studierte Jura, denn sie hatte den Wunsch, Menschen zu helfen und für Gerechtigkeit zu kämpfen. Später heiratete sie Barack Obama und wurde 2009 First Lady, als dieser zum Präsidenten der USA gewählt wurde.

So wurde sie zur bedeutendsten Frau des Landes und für Michelle war klar: Sie wollte etwas Gutes tun!

Sie kämpfte dafür, dass Kinder gesunde Lebensmittel konsumieren und mehr Sport treiben. Sie besuchte Schulen, um mit Schülerinnen und Schülern zu kommunizieren und sie zu unterstützen.

Michelle war auch eine wichtige Unterstützerin der Soldaten und ihrer Familien. Sie sorgte dafür, dass die Familien der Soldaten gut betreut wurden und sich geschätzt fühlten.

Michelle schrieb nach ihrer Zeit im Weißen Haus ein Buch. Es handelt von ihrem Leben und beinhaltet auch sehr persönliche Themen wie ihre Gedanken, Ängste und Hoffnungen sowie ihre Rolle als starke Frau in der Öffentlichkeit. Michelle Obama fordert die Leserinnen und Leser auf, an sich selbst zu glauben, nach ihren Träumen zu streben und sich für das einzusetzen, was ihnen wichtig ist. Sie reiste um die Welt und sprach darüber mit zahlreichen Menschen.

Michelle Obama ist eine starke Frau, die uns zeigt, dass wir, wenn wir an unsere Träume glauben, viel erreichen können.

Jetzt bist du dran!
Deine Gedanken zu Michelle Obama

1 **Wärst du gerne so bekannt wie Michelle Obama?**

○ Ja ○ Nein

2 **Falls ja: Wie würdest du diese Bekanntheit nutzten?**

○ Mich für die Umwelt einsetzen ○ Stars treffen ○ Armen Menschen helfen ○ ____

3 **Was würdest du Michelle Obama gerne sagen? Oder hast du vielleicht eine Frage an sie?**

Judit Polgàr

ungarische Schach-Großmeisterin

23. Juli 1976

Die Schachlegende

Judit Polgàr war einmal ein kluges und mutiges Mädchen. Am 23. Juli 1976 wurde sie in Ungarn geboren.

Judit liebte es schon als Kind, Schach zu spielen. Bereits mit vier Jahren erlernte sie das Spiel. Sie spielte gegen ihre älteren Schwestern und arbeitete hart, um sich zu verbessern. Als sie gerade einmal acht Jahre alt war, konnte sie schon erwachsene Spieler besiegen.

Judit entwickelte intelligente Spielstrategien und zog häufig unerwartete Züge. Als sie älter wurde, gewann sie viele Schachspiele gegen die besten Schachspieler der Welt. Sie wurde zur erfolgreichsten Schachspielerin aller Zeiten.

Judit Polgàr stellte zahlreiche Rekorde auf. Sogar der bekannte Schachweltmeister Garry Kasparow wurde von ihr besiegt. Viele Mädchen und Jungen wurden von ihren Fähigkeiten und ihrer Leidenschaft für Schach motiviert.

Judit war nicht nur eine Königin auf dem Schachbrett. Sie kämpfte dafür, dass Mädchen und Frauen im Schach und im Leben die gleichen Chancen haben. Sie zeigte, dass man Großes erreichen kann, unabhängig von Alter und Geschlecht.

Judit Polgàr ist eine wahre Schachlegende und ein Vorbild für alle, die ihre Ziele erreichen möchten.

Das hat sie gesagt

„Ich verstehe den Grund nicht, warum die Aufteilung in Frauen und Männer überhaupt im Schach besteht."

Jetzt bist du dran!
Deine Gedanken zu Judit Polgàr

1 **Hast du schon einmal Schach gespielt?**

○ Ja   ○ Nein

2 **Falls ja: Was gefällt dir am Schach spielen?**

○ Das logische Denken   ○ Dass es spannend bleibt, wer gewinnt   ○ -----

3 **Was würdest du Judit Polgàr gerne sagen? Oder hast du vielleicht eine Frage an sie?**

Marta Vieira da Silva

brasilianische Fußballerin

19. Feburar 1986

Die beste Fußballerin der Welt

Marta Vieira da Silva wurde in Brasilien geborgen. Von klein auf liebte sie Fußball mehr als alles andere. Sie wurde von allen liebevoll „Marta" genannt.

Marta hatte den Wunsch, eine herausragende Fußballspielerin zu werden. Sie rannte über die Felder und übte ihre Schüsse und Tricks. Bald schon konnte sie beweisen, wie schnell und geschickt sie den Ball beherrschen konnte.

Sie erlangte Anerkennung für ihr Talent und erhielt die Gelegenheit, an bedeutenden Turnieren teilzunehmen. Marta beeindruckte die Zuschauer mit ihrem Talent und nahm schließlich sogar bei der Weltmeisterschaft und den Olympischen Spielen teil.

Marta wurde oft als die beste Fußballerin der Welt bezeichnet und gewann viele Auszeichnungen.

Marta hat nicht nur ein unglaubliches sportliches Talent, sondern setzt sich auch für Gleichberechtigung ein. Sie ist davon überzeugt, dass Mädchen und Jungen im Sport und im Leben die gleichen Chancen haben sollten. Sie ist eine Vorbildfigur für junge Mädchen auf der ganzen Welt.

Die Fußballkönigin von Brasilien, Marta Vieira da Silva, zeigt uns, dass Träume wahr werden können, wenn man hart arbeitet und an sich selbst glaubt. Ihre Geschichte erinnert uns daran, dass man mit Entschlossenheit und Leidenschaft alles erreichen kann.

Jetzt bist du dran!
Deine Gedanken zu Mara Vieira da Silva

1 Bist du auch sportlich bzw. bist du in einem Sportverein?

○ Ja   ○ Nein

2 Falls ja: Was macht dir am meisten Spaß?

○ Tanzen und turnen   ○ Ballspiele   ○ Wandern und Bergsteigen   ○ ____

3 Was würdest du Marta Vieira da Silva gerne sagen? Oder hast du vielleicht eine Frage an sie?

Emma Watson

britische Schauspielerin

15. April 1990

Hermine ist eine Kämpferin

Emma Watson ist bekannt durch ihre Rolle der „Hermine" aus den „Harry Potter"-Filmen. Sie ist jedoch viel mehr!

Emma liebte schon als Kind das Schauspielern und Bücher. Sie wurde als intelligente Hermine Granger in den Filmen berühmt. Emma wollte jedoch nicht nur vor der Kamera erscheinen, sondern auch die Welt verbessern. Sie setzt sich stark für Frauenrechte und Gleichberechtigung ein und besuchte Konferenzen und hielt Reden über diese wichtigen Themen. Außerdem liegt Emma der Umweltschutz am Herzen. Sie sprach bei verschiedenen Gelegenheiten über den Klimawandel und die Art und Weise, wie wir alle helfen können, die Natur zu erhalten.

Emma hat die Vereinten Nationen besucht und mit zahlreichen klugen Menschen zusammengearbeitet, um diese wichtigen Themen voranzubringen. Sie nutzt ihre Bekanntheit, um Menschen auf der ganzen Welt zu motivieren, sich für eine bessere Welt einzusetzen.

Die Geschichte von Emma Watson zeigt, dass wir alle eine Stimme haben und sie nutzen können, um Veränderungen zu bewirken. Ob du ein gewöhnliches Mädchen oder eine berühmte Schauspielerin bist, du kannst etwas erreichen, wenn du dich für das einsetzt, was dir am Herzen liegt.

Das hat sie gesagt

„Junge Mädchen bekommen eingetrichtert, dass sie die zarte Prinzessin sein müssen. Hermine hat ihnen gezeigt, dass sie auch Kämpferinnen sein können."

Jetzt bist du dran!
Deine Gedanken zu Emma Watson

1 **Kennst du Hermine aus den Harry-Potter-Filmen?**

◯ Ja   ◯ Nein

2 **Falls ja: Welche Eigenschaft von Hermine beeindruckt dich am meisten?**

◯ Ihr Mut   ◯ Ihre Klugheit   ◯ Ihre Loyalität   ◯ ____

3 **Was würdest du Emma Watson gerne sagen? Oder hast du vielleicht eine Frage an sie?**

Malala Yousafzai

Kinderrechtsaktivistin

12. Juli 1997

Jüngste Preisträgerin des Friedensnobelpreises

Malala Yousafzai wurde in Pakistan geboren. Sie liebte es, zur Schule zu gehen, Bücher zu lesen und Neues zu erlernen. Leider waren Mädchen in ihrem Heimatland nicht immer berechtigt, zur Schule zu gehen.

Malala fand dies ungerecht. Sie wollte, dass alle Kinder, egal ob Junge oder Mädchen, in die Schule gehen können. Aus diesem Grund begann sie, darüber zu sprechen und zu notieren, wie wichtig Bildung ist. Um ihre Gedanken zu teilen, schrieb sie sogar unter einem anderen Namen Artikel für eine weltweit bekannte Zeitung. Leider waren einige mächtige Menschen wütend über ihre Worte. Sie wollten nicht, dass Mädchen in die Schule gehen. Eines Tages passierte etwas Schreckliches, als Malala im Schulbus saß.

Sie wurde von jemandem angegriffen und erhielt schwere Verletzungen. Malala kämpfte tapfer um ihr Leben und ließ sich weiterhin nicht einschüchtern.

Als sie wieder gesund wurde, kämpfte sie weiter für ihr Recht auf Bildung. Sie wurde weltweit bekannt und erhielt sogar den Nobelpreis als jüngste Preisträgerin überhaupt.

Malala wurde zur Botschafterin für Bildung und Frieden ernannt. Sie reiste um die Welt, traf bedeutende Persönlichkeiten und sprach vor wichtigen Konferenzen. Sie inspiriert Frauen und Männer auf der ganzen Welt, für ihre Rechte einzutreten.

Das hat sie gesagt

„Lasst uns unsere Bücher und Stifte nehmen. Sie sind unsere mächtigsten Waffen. Ein Kind, ein Lehrer, ein Buch und ein Stift können die Welt verändern."

Jetzt bist du dran!
Deine Gedanken zu Malala Yousafzai

1 Gehst du gerne in die Schule?

◯ Ja   ◯ Nein

2 Falls ja: Was ist dein Lieblingsfach?

◯ Mathematik   ◯ Sprachen   ◯ Sport   ◯ ____

3 Was würdest du Malala Yousafzai gerne sagen? Oder hast du vielleicht eine Frage an sie?

Greta Thunberg
schwedische Klimaschutzaktivistin

3. Jänner 2003

Jüngste Preisträgerin des Friedensnobelpreises

Greta Thunberg kam am 3. Januar 2003 in Schweden zur Welt. Seit sie klein war, liebte Greta die Natur und Tiere. Sie erkannte, dass die Menschen nicht gut auf unseren Planeten Erde aufpassen, was ihn in Gefahr brachte.

Greta war erst 15 Jahre alt, als sie beschloss, etwas zu tun. Sie protestierte vor dem schwedischen Parlament, anstatt zur Schule zu gehen. Sie präsentierte ein Banner mit der Aufschrift „Klimastreik". Greta wollte, dass Erwachsene auf die Klimakrise aufmerksam werden und sofortige Maßnahmen ergreifen.

Ihr Protest wurde schnell weltweit bekannt. Andere Jugendliche schlossen sich ihrem Klimastreik an, was zu einer großen Bewegung namens „Fridays for Future" führte. Kinder und Jugendliche auf der ganzen Welt gingen am Freitag auf die Straße, um für den Klimaschutz zu kämpfen. Greta reiste sogar mit einem Segelboot über das Meer, um an bedeutenden Konferenzen teilzunehmen und vor prominenten Personen zu sprechen. Sie betonte deutlich, dass Erwachsene die Verantwortung für die Erde übernehmen müssen.

Greta hat uns daran erinnert, wie wichtig es ist, unseren Planeten zu schützen. Sie forderte Unternehmen und Regierungen auf, umweltfreundliche Entscheidungen zu treffen. Viele Menschen wurden durch ihren Mut und ihre Entschlossenheit zum umweltbewussteren Leben inspiriert.

Die Geschichte von Greta Thunberg zeigt, dass man nie zu jung ist, um etwas zu verändern und eine ganze Generation zu inspirieren.

Jetzt bist du dran!
Deine Gedanken zu Greta Thunberg

1 Ist es dir auch wichtig die Umwelt zu schützen?

○ Ja   ○ Nein

2 Was machst du, um die Umwelt zu schützen?

○ Müll sammeln   ○ Second-hand-Kleidung   ○ Wasser und Strom sparen   ○ ----

3 Was würdest du Greta Thunberg gerne sagen? Oder hast du vielleicht eine Frage an sie?

Meine eigene Geschichte

Mein Name: _____

Mein Geburtsdatum: _____

Das beschreibt mich am besten: _____
_____

Das kann ich gut: _____

Das kann ich gar nicht: _____

Mein Lieblingsbuch ist: _____
_____

Diese 3 Dinge liebe ich:

-
-
-

Meine Hobbys:

Das beeindruckt mich an ihnen:
_____
_____
_____
_____

Meine Vorbilder:

Das würde ich gerne noch lernen: _____
Das würde ich gerne einmal werden: _____

Das ist mein Traum

Du kannst hier Bilder einkleben, etwas zeichnen,
einen Spruch schreiben... nun darfst du kreativ sein!
Hier ist Platz für alles, was deinen Traum darstellt.

Impressum

Titel: Von Marie Curie bis Greta Thunberg-
Mädchen können alles sein
ISBN: 978-3-9519972-0-9

© 2023
Geschrieben und illustriert von Heike Hufnagl,
Kuferzeile 45/3, 4810 Gmunden
heikehufnagl.publishing@gmail.com

Coverdesign von Manu Ancutici, Ancutici
Kommunikationsdesign, Höhenringweg 21,
70619 Stuttgart

Lektorat von Katharina Grandl

Schlussworte

Zum Schluss möchte ich dir gerne noch ein paar Worte mit auf den Weg geben. Dieses Buch ist mein allererstes Buch und ich hoffe sehr, dass es dir gefallen hat.

Noch mehr wünsche ich mir, dass dir die Geschichten dieser beeindruckenden Frauen gezeigt haben, dass du alles erreichen kannst. Du bist stark, mutig und einzigartig. Jeder Tag bietet neue Chancen, deine Träume zu verwirklichen und die Welt auf deine eigene Weise zu verändern.

Die Vorbilder in diesem Buch haben Hindernisse überwunden und nicht auf die negativen Meinungen von anderen gehört, um ihre Ziele zu erreichen. Glaube mir, das kannst du auch.

Sei stolz auf deine Einzigartigkeit, deine Stärken und deine Schwächen, die dich zu dem Menschen machen, der du bist.

Deine Reise hat gerade erst begonnen, also lass dich von niemandem aufhalten und mach das, was dich wirklich glücklich macht.

Printed in Poland
by Amazon Fulfillment
Poland Sp. z o.o., Wrocław